Bibliografische Information der Deutschen Nationalbibliothek:

Die Deutsche Nationalbibliothek verzeichnet diese Publikation in der Deutschen Nationalbibliografie; detaillierte bibliografische Daten sind im Internet über http://dnb.d-nb.de abrufbar.

Impressum:

Copyright © 2015 Studylab

Ein Imprint der GRIN Verlag, Open Publishing GmbH

Druck und Bindung: Books on Demand GmbH, Norderstedt, Germany

Coverbild: ei8htz

Sissy Steinbrecher

Happiness als neue Kennzahl für wirtschaftlichen Erfolg im Einzelhandel

2014

Inhaltsverzeichnis

Abkürzungsverzeichnis

BIP	Brutto Inlands Produkt
et al.	und andere
Hrsg.	Herausgeber
Nr.	Nummer
o.S.	ohne Seitenangabe
S.	Seite
vgl.	vergleiche
Vol.	volume (Ausgabe)

Abstract

Zunehmender Leistungsdruck im Einzelhandel sowie ein nichtwertschätzender Umgang durch Vorgesetzte, hinterlassen bei Mitarbeitern eine Leere und die Frage nach der Sinnhaftigkeit ihrer Arbeit. Mitarbeiterinnen fehlt es in erster Linie an Lob und dem Gefühl, als Mensch mit Bedürfnissen wahrgenommen zu werden. Daraus resultiert ein Desinteresse einzelner Mitarbeiter – mit negativen wirtschaftlichen Folgen für das gesamte Unternehmen.

Diese Arbeit hat sich das Ziel gesetzt, den Ansatz einer auf Happiness ausgerichteten Unternehmenskultur für eine langfristige Zufriedenheit der Mitarbeiterinnen zu hinterfragen und deren Auswirkungen auf die Produktivität festzustellen. Nach einer kurzen thematischen Einführung in die Glücksforschung, konzentriert sich die Autorin auf Lösungsansätze zum glücklicheren Miteinander im Einzelhandel. Diese Arbeit kann als Einstieg in die Thematik dienen und bietet spezifische Ansatzpunkte zur Bewältigung der sich wandelnden Gesellschaft und deren Ansprüche an den Arbeitsplatz und die Umwelt.

1. Einleitung

1.1. Problemstellung

Nach wie vor gilt die Gewinnmaximierung als wichtigstes Bestreben im Einzelhandel. Doch wie können Gewinne maximiert werden, wenn Produkte austauschbar geworden sind und der Preiskampf eine tägliche Herausforderung im Einzelhandel darstellt?

In vielen Fällen werden Mitarbeiter massivem Druck von Vorgesetzten ausgesetzt, um die Umsätze zu steigern. Dabei ist es keine neue Erkenntnis, dass zufriedene Mitarbeiterinnen mehr leisten und nicht jene, die unter Druck stehen (vgl. *Fredrickson* 2009, S. 10)

Zahlreiche wissenschaftliche Studien beschäftigen sich mit dem Thema der motivierenden Mitarbeiterführung und zeigen den positiven Zusammenhang zwischen Mitarbeiterzufriedenheit und den Unternehmenserfolg (vgl. *Haas* 2010, S. 112).

Die Menschen sehnen sich seit jeher nach Anerkennung und Wertschätzung, allerdings kommt dies bei einer so hektischen Leistungs- und Konsumgesellschaft wie sie heute vorherrscht oft viel zu kurz. Selten werden heute noch Werte wie Herzlichkeit, Vertrauen, Dankbarkeit und Großzügigkeit gelebt. Doch diese Werte sind wichtig, um das Gefühl eines wertvollen Daseins zu erreichen. Dazu gehört es auch, die Werte des Arbeitgebers zu kennen.

Bereits bei der Hawthorne Studie in den 20er Jahren wurden erstmals die Auswirkungen von Wertschätzung erkannt. Bei dieser Studie wollten Wissenschaftler den Einfluss von Lichtbedingungen am Arbeitsplatz messen. Es wurden zwei Gruppen gebildet. Bei einer Gruppe wurden die Lichtkörper geändert und bei der Kontrollgruppe nicht. Regelmäßig wurden beide Gruppen und deren Arbeitsleistung evaluiert. Am Ende der Studie stellte sich jedoch heraus, dass beide Gruppen eine Zunahme der Arbeitsleistung aufwiesen. Dies bestätigt, dass alleine die Auseinandersetzung mit den Arbeitern und die damit gegebene Wertschätzung zur Arbeitssteigerung beitrug. Werte geben Orientierung und führen zu einem erfolgreichen Handeln. (*Schein / Seiser* 2010, vgl. S. 17)

1.2. Zielsetzung und Forschungsfrage

Als Ansatz wird in dieser Arbeit ein Führungskonzept vorgestellt, welches auf Happiness ausgerichteten ist. Dabei geht es um eine Unternehmenskultur, die nicht auf materielle Aufwertung abzielt sondern darum, einen neuen persönlichen Werte-Rahmen zu schaffen. In diesem Werte-Rahmen können Mitarbeiterinnen ihre Potentiale entfalten. Dadurch kommt es zu keiner Einengung mehr des Individuums und die Mitarbeiter sind leistungsfähiger, kreativer und glücklicher. Diese neu gewonnene Happiness soll sich letzten Endes auf den Unternehmenserfolg auswirken.

Da es sich bei der Berücksichtigung von Happiness um einen neuen Ansatz der Unternehmenskultur handelt, der in Österreich noch kaum vertreten ist, soll diese Arbeit das Konzept einer auf Happiness ausgerichteten Mitarbeiterführung genauer betrachten und zeigen ob dieses relevant für den Einzelhandel ist und wenn ja, Empfehlungen für eine erfolgreiche Implementierung geben.

Dadurch ergibt sich folgende Forschungsfrage:

Ist die Einführung einer von Happiness geprägten Unternehmenskultur in Bezug auf Wirtschaftlichkeit im Einzelhandel relevant und wenn ja, welche Voraussetzungen müssen geschaffen werden um Happiness implementieren zu können?

1.3. Aufbau der Arbeit

Die Arbeit besteht aus insgesamt fünf Kapiteln. Im Kapitel eins werden die Problematisierung, Zielsetzung der Arbeit, Forschungsfrage und die Struktur dargestellt.

Im zweiten Kapitel wird der Begriff Glück erklärt, so wie Ansätze aus Sicht der Psychologie und der Volkswirtschaft dargestellt. Leserinnen dieser Arbeit sollen dadurch einen Einblick in die Relevanz des Themas bekommen.

Die Aussage „Geld macht glücklich" wird im dritten Kapitel kritisch hinterfragt. Außerdem werden weitere Erkenntnisse der Glücksforschung beschrieben.

Das vierte Kapitel beschäftigt sich mit Happiness als Unternehmenskultur. Dabei werden die Bedeutung von zufriedenen Mitarbeiterinnen und der Einfluss auf den Unternehmenserfolg aufgezeigt.

Im letzten Kapitel dieser wissenschaftlichen Arbeit wird erörtert welche Voraussetzungen im Einzelhandel geschaffen werden müssen, um eine auf Happiness ausgelegte Unternehmenskultur effektiv einführen zu können.

2. Definition von Glück / Happiness

Da Glück ein abstrakter Begriff ist gibt es viele Unklarheiten und unterschiedliche Ansätze in der Definition. Daraus ergeben sich gegenwärtig zahlreiche Begriffe wie zum Beispiel Wohlbefinden, Zufriedenheit oder Lebensqualität, die als Synonym für Glück verwendet werden.

Im Vergleich zum englischsprachigem Raum, wo es zwei unterschiedliche Wörter für Glück gibt, nämlich „luck" im Sinne von Glück haben und „happy" im Sinne von glücklich sein, gibt es im deutschsprachigem Raum für beide Emotionen eben nur einen Begriff (vgl. *Ruckriegel* 2007, S. 3).

In der klassischen Antike wiederum wird sehr wohl viel deutlicher zwischen Zufallsglück (fortuna, tyche) und Glückseligkeit (eudaimonia) unterschieden als wir es in unserer modernen Sprache mit dem einfachen Begriff Glück gewohnt sind (vgl. *Vandenhoeck* 2013, S. 12).

Frey geht sogar so weit zu sagen, dass es keinen Sinn macht, einen Begriff wie Glück zu definieren. Vielmehr ist er überzeugt davon, dass es sinnvoller wäre die Menschen einfach zu fragen, wie glücklich sie sich fühlen. Da es sich um ein subjektives Gefühl handelt kann jede Person sehr gut einschätzen, ob sie glücklich oder unglücklich ist (vgl. *Frey* 2010, S. 458).

Ein Begriff der sich in der Glücksforschung für Glück durchgesetzt hat, ist der des *subjektiven Wohlbefindens*, im Sinne von *glücklich sein*. Das subjektive Wohlbefinden besteht aus den beiden Aspekten einer kognitiven und/oder affektiven Bewertung des eigenen Lebens. Unter Affekten ist die spontane Stimmung oder das Gefühl auf ein Ereignis zu verstehen. Im Gegenzug dazu bezieht sich die kognitive Komponente auf Urteil und Vergleiche. Dadurch wird Glück von jedem einzelnen subjektiv konstruiert (vgl. *Frey Marti / Frey* 2012, S.17f.).

Für diese Arbeit relevant sind die Ansätze des Glücks aus Sicht der Psychologie und der Volkswirtschaft. Diese beiden Ansichten werden in den folgenden Unterkapiteln näher erläutert.

2.1. Glück aus Sicht der Psychologie

In der Psychologie gibt es mindestens drei Forschungsgebiete welche sich mit dem Thema Glück auseinandersetzen. Dazu zählen die positive Psychologie, die Emotionsforschung und die Gesundheitspsychologie.

Lange Zeit beschäftigten Wissenschaftler sich hauptsächlich damit, was uns Menschen unglücklich macht. Dies ist ersichtlich in einer Studie von *David Myers* aus dem Jahr 2000. In dieser Studie untersuchte er die Anzahl bestimmter Begriffe in den „Psychological Abstracts" seit 1887. Dabei kam heraus, dass es 8.072 Artikeln über Ärger gibt, 57.800 über Angst, 70.856 über Depressionen, aber nur 851 über Freude, 2.958 über Glücklich sein und 5.071 über die Lebenszufriedenheit. Somit ist bestätigt, dass sich die Psychologie lange Zeit hauptsächlich mit dem Leid der Menschen auseinandersetzt (vgl. *Myers* 2000, S. 56).

Seit dem Jahr 2000 gibt es den neuen Forschungsschwerpunkt der positiven Psychologie, dessen Begründer *Prof. Dr. Martin Seligmann* ist. Diese Disziplin untersucht mit wissenschaftlichen Methoden ausschließlich die Bedingungen und Konsequenzen des Wohlbefindens und was Menschen glücklich macht (vgl. *Seligman* 2012, S. 9).

Aus den Erkenntnissen der positiven Psychologie leitet sich zudem der Führungsansatz einer auf glückbasierenden Unternehmenskultur ab. Da es in dieser Arbeit darum geht, herauszufinden, inwiefern eine von Happiness geprägte Unternehmenskultur die Wirtschaftlichkeit eines Unternehmens fördert, ist hierfür die positive Psychologie relevant.

Weitere Erkenntnisse auf dem Gebiet der positiven Psychologie zeigt die Professorin für Psychologie *Fredrickson* durch zahlreiche Experimente auf. Dazu gehört unter anderem die wissenschaftlich überprüfte Erkenntnis, dass Menschen unter dem Einfluss von positiven Gefühlen viel wachsamer, kreativer und leistungsfähiger sind. Was aber noch von viel größerer Bedeutung in diesem Zusammenhang ist, ist dass der Mensch diese positiven Gefühle mit gezieltem Training bewusst herbei führen kann (vgl. *Fredrickson* 2009, S. 10).

2.2. Glück aus Sicht der Volkswirtschaft

Das oberste Ziel einer Volkswirtschaft ist Wirtschaftswachstum. Gemessen wird es am realen Bruttoinlandsprodukt (BIP) und soll den Wohlstand eines Landes widerspiegeln. Doch zeigen die Erkenntnisse der Glücksforschung im Kapitel drei, dass Wachstum nicht immer mit dem Glücksgefühl eines Landes korrelieren muss. Durch diese Erkenntnis interessieren sich zunehmend auch Volkswirte für das Thema Glück.

Ein Staat, der sich seit langer Zeit mit dem Faktor Glück als Wohlstandsindikator beschäftigt, ist das Königreich Bhutan in Südasien. Im

Bhutan gibt es anstatt des BIP als Wohlstandsfaktor das Bruttosozialglück. Dabei geht es dem Staatsoberhaupt darum, sich bei der wirtschaftlichen Weiterentwicklung hauptsächlich auf das Wohl der Menschen zu konzentrieren und ihre Zufriedenheit zum Maßstab des Fortschritts zu machen. Daraus ergeben sich vier Säulen: der Schutz der Umwelt, die Bewahrung der kulturellen Werte, eine wirtschaftliche und soziale Entwicklung und eine gute Regierung (vgl. *www.grossnationalhappiness.com* 2015).

Ähnlich dem Bruttosozialglück-Index ist der von der OECD entwickelte Better Life Index.

Die „Organisation for Economic Co-operation and Development" (OECD) wurde 1961 gegründet, um Regierungen dabei zu unterstützen, Politik so zu betreiben, dass das Leben der Bürger/-innen verbessert wird. Viele Jahrzehnte galt zur Bewertung des Wohlstandes eines Landes ausschließlich das BIP. Doch zeichnet das BIP wesentliche Faktoren die das Wohlbefinden jedes Einzelnen beeinflussen, wie zum Beispiel Sicherheit, Freiheit und Umwelt nicht auf. Aus diesem Grunde hat die OECD die Better Life Initiative ins Leben gerufen. Ziel dieser Initiative ist es, einen international vergleichbaren Indikator für Lebensqualität zu erstellen. So entstand der Better Life Index, welcher das Wohlbefinden eines Landes auf Grund von elf Aspekten misst. Diese Aspekte sind: Gemeinsinn, Bildung, Umwelt, zivilgesellschaftliches Engagement, Gesundheit, Wohnverhältnisse, Einkommen, Beschäftigung, Lebenszufriedenheit, Sicherheit und die Vereinbarkeit von Berufs- und Privatleben (vgl. *OECD Better Life Index Summary* o.J., S. 1).

Abbildung 1: OECD Better Life Index - Österreich
Quelle: http://www.oecdbetterlifeindex.org/de/topics/work-life-balance-de/

Österreich kommt in mehreren Bereichen des Better Life Index unter die Top Ten. Dies spricht im Allgemeinen für eine sehr gute Lebensqualität. Betreffend der Vereinbarkeit von Beruf und Privatleben liegt Österreich allerdings nur im OECD-Durchschnitt. Ausschlagegebend hierfür ist der Anteil der Arbeitskräfte, die über 50 Stunden pro Woche arbeiten. Fast 9% der Beschäftigen in Österreich haben eine sehr lange Wochenarbeitszeit (vgl. www.*oecdbetterlifeindex.org* 2013).

Zusammenfassend wird gezeigt, dass in einer Gesellschaft, die sich nicht mehr auf den Kampf des Überlebens konzentrieren muss, nicht-wirtschaftliche Faktoren an enormer Bedeutung gewinnen. Des Weiteren sind das Streben nach Glück und die Suche nach dem Sinn des Lebens eine Herausforderung geworden. Im nächsten Kapitel wird daher aufgezeigt, was Menschen glücklich macht.

3. Erkenntnisse der Glücksforschung

Aristoteles (384 v. Chr.) war einer der ersten Philosophen, die sich mit dem Thema Glück bzw. Glücksforschung auseinandersetzten. Aristoteles gehörte zu den einflussreichsten Philosophen und war der Auffassung, dass ein so großes Gut wie das Glück nur durch aktive Anstrengungen erreicht werden kann. Dazu ist die Entfaltung der eigenen Persönlichkeit von großer Bedeutung, um zu einem guten und erfüllten Leben zu gelangen.

Heute, mehr als 2000 Jahre später, sind die Erforschung des Glücks und die Frage nach dem, was Menschen glücklich macht, weiterhin Themen mit denen sich nicht nur Philosophen, sondern auch Psychologen, Neurobiologen und Volkswirte beschäftigen (vgl. *Ruckriegel* 2007, S. 3).

3.1. Geld alleine macht nicht glücklich - das Easterlin Paradox

In einer von 1946 bis 1970 durchgeführten Studie von dem Ökonomen *Richard Easterlin* wird gezeigt, dass Wirtschaftswachstum nicht mit einem Anwachsen des Gemeinwohls einhergehen muss. Denn obwohl sich das Realeinkommen in der westlichen Welt in den letzten 50 Jahren verdoppelt hat, kann er keinen Zuwachs an Glück (in der von ihm gewählten Definition) feststellen (vgl. *Easterlin* 1974, S. 118).

Daraus lässt sich schließen, dass Geld kein Garant für Glück ist. Dennoch kann natürliche materielle Knappheit ein Grund für Unglück sein, weil es ohne finanzielle Mittel keinen Zugang zu Nahrung, medizinischer Versorgung und weitere Lebensnotwendigkeiten gibt. Dies impliziert allerdings, dass das Ausgangsniveau vor der Verdoppelung in einer Höhe angesiedelt war, welche keine existenzielle Bedrohung darstellt.

Auch *Layard* zeigt deutlich, dass Glück trotzdem mehr als nur Geld ist. Dazu folgen im nächsten Kapitel die sieben Glücksfaktoren nach *Layard*.

3.2. Sieben Glücksfaktoren nach Layard

Im vorigen Kapitel wurde gezeigt, dass Geld nicht in einem Ausmaß zum Wohlbefinden beiträgt, wie man im Alltag annehmen könnte. Aber was macht die Menschen nun wirklich glücklich? Welche Faktoren sind es, die das Glück eines jeden einzelnen beeinflussen?

Layard (2009, S. 15-18) antwortet auf diese Frage mit sieben Glücksfaktoren, die das subjektive Wohlbefinden erheblich beeinflussen können.

- befriedigende Arbeit
- familiäre Beziehungen
- soziales Umfeld
- Gesundheit
- persönliche Freiheit
- Lebensphilosophie
- finanzielle Lage

Einer der wichtigsten Parameter für ein glückliches Leben ist die Beziehung zu anderen Menschen. Nicht die materiellen Besitztümer fördern Glücksgefühle, auch wenn dies kurzfristig den Anschein erwecken mag. Der Mensch gewöhnt sich viel zu schnell an diese Gegenstände, mit der Folge, sich immer mehr leisten zu wollen und die wahren glückbringenden Aktivitäten vernachlässigt. Es bleibt keine Zeit mehr für die nicht-materiellen, sozialen Bedürfnisse. Noch mehr Geld muss erwirtschaftet werden, noch mehr Zeit muss dafür verwendet werden, ohne dass eine Bedürfnisbefriedigung erreicht werden kann (vgl. *Ruckriegel* 2006, S. 4 f.).

Weitere Ergebnisse der Glücksforschung bestätigen, dass das menschliche Wohlbefinden zum großen Teil von stabilen Beziehungen zu Mitmenschen abhängig ist. Es gibt zudem einen positiven Zusammenhang zwischen sozialem Verhalten und Zufriedenheit. Wenn es Menschen gut geht, dann tendieren sie eher dazu, anderen zu helfen. Und wenn sie anderen helfen, fühlen sie sich gut. Gleich darauf folgen Werten wie Gesundheit und sinnhafte Tätigkeiten. Auch sind sich Wissenschaftler einig, dass die Möglichkeit individuelle Gestaltungsvorstellungen umsetzen zu können maßgeblich zum Glück beiträgt (vgl. *Jensen / Scheub* 2014, S. 16).

3.3. Streben nach Glück

Viele Menschen suchen das Glück, indem sie sich immer wieder neue Ziele setzen, um glücklich zu sein. Diese Ziele werden oft an äußeren Umständen festgemacht. Zum Beispiel ein neuer Job, eine Heirat, der Jackpot bei Gewinnspielen oder auch die Gründung einer Familie. Doch Studien zeigen, dass zwar das Glücksgefühl für einen Moment extrem ansteigt, sich aber nach ein bis zwei Jahren das Glücksgefühl beziehungsweise das gefüllte Zufriedenheitsniveau wieder auf das Ausgangsniveau zurückgeht. Somit gewöhnt sich der Mensch sehr rasch an eine neue Situation, ohne dabei das Glück zu empfinden, welches er beim Eintreten des Ereignisses hatte. Damit wird veranschaulicht, dass selbst das Streben nach Glück unglücklich machen kann, weil die Menschen immer wieder auf der Suche nach neuen Ereignissen sind, welche sie vermeintlich glücklich machen. Dies bestätigt, dass glücklich sein viel mehr im Kopf entsteht und durch eine Wertehaltung (vgl. *Diener* et al. 2008, o.S.).

Abbildung 2 verdeutlicht dies am Beispiel einer Heirat. Dabei ist ersichtlich, dass bei der Hochzeit selbst ein starker Anstieg der Lebenszufriedenheit entsteht. Doch nach nur zwei Jahren ist die gefühlte Lebenszufriedenheit wieder so wie vor der Hochzeit.

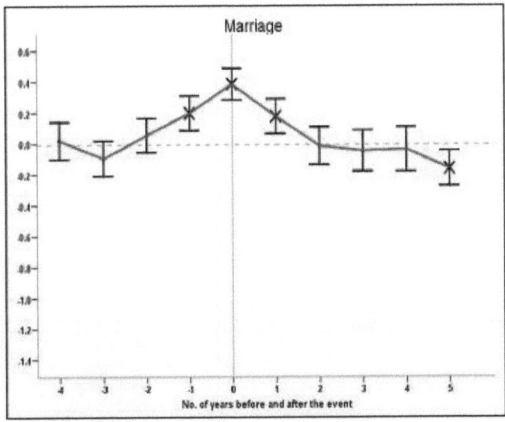

Abbildung 2: Der Einfluss von Lebensereignissen auf die generelle Zufriedenheit
Quelle: http://www.voxeu.org/article/hedonic-adaptation-does-happiness-last 11

4. Happiness am Arbeitsplatz

Normalerweise ist es üblich, in Unternehmen den Erfolg nur über Renditen, Cash Flow und Stammkunden zu messen. Diese Ansicht wird Betriebswirten schon sehr früh beigebracht. So wird jungen Studierenden ein Wertesystem für die Geschäftswelt mitgegeben, welches nicht zwingend richtig sein muss. Mit einer auf Happiness ausgerichteten Unternehmenskultur wird gezeigt, dass auch ein Unternehmen ein Ort ist, an dem Menschen mit individuellen Bedürfnissen aufeinandertreffen und die im Grunde alle das gleiche wollen: glücklich sein.

In diesem Kapitel soll die Frage beantwortet werden ob es einen Bedarf gibt Happiness in die Unternehmenskultur zu integrieren und wenn ja, wie sich dies positiv auf den wirtschaftlichen Erfolg auswirken kann.

4.1. Engagement Index - Gallup Institut

An dieser Stelle werden Ergebnisse vom Gallup Institut gezeigt, um die Notwendigkeit neuer Ansätze in der Unternehmensführung aufzuzeigen.

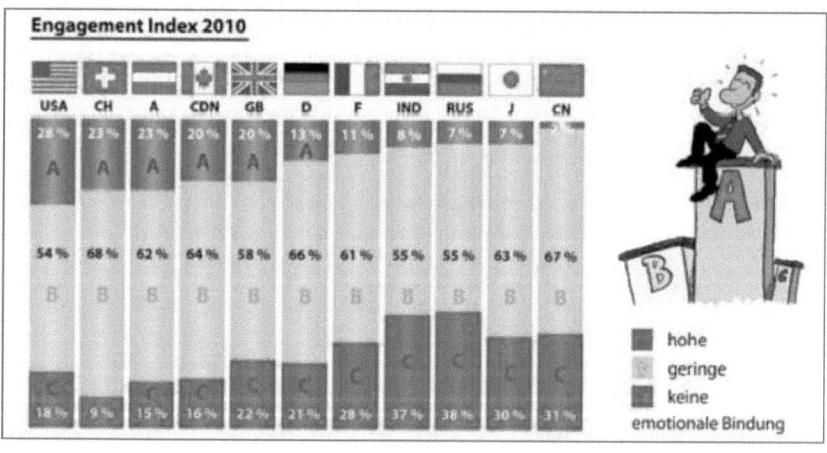

Abbildung 3: Gallup Studie Engagement Index 2010
Quelle: http//:www.gallup.de

Die Arbeitszufriedenheitsstudie ergab, dass 62% der Beschäftigten in Österreich nur eine geringe emotionale Bindung zu ihrem Arbeitgeber empfinden. Das bedeutet, dass diese keine echte Verpflichtung ihrer Arbeit gegenüber verspüren. 15% geben sogar an überhaupt keine emotionale Bindung an das Unternehmen zu haben. Diese zeigen ein Verhalten, welches unerwünscht ist und den Unternehmenserfolg sogar negativ beeinflusst. Als Hauptgrund für eine geringe emotionale Bedingung wird die mangelnde Führungsqualität der Vorgesetzten genannt. So vermissen Arbeitnehmer eine wertschätzende Kultur und den Sinn ihres seins in der Arbeitswelt. (vgl. Gallup 2010)

Bereits 1975 schrieb Frankl (1975, S.1) vom immer größer werdenden Sinnlosigkeitsgefühl der Menschen. Er sah eine Leere in den Menschen als größtes Problem für ein Weiterkommen.

Doch wie sieht ein sinnerfülltes Arbeitsleben aus? Dieser Frage gehen Schnell und Höge (2012, S. 91-98) in Ihrer Studie „Was macht Arbeit generell sinnvoll?" nach. Daraus ergeben sich folgende vier Kernaspekte für die Sinnerfüllung.

- Kohärenz: Das persönlichen Profil eines Menschen und dessen Ziele passen zur Aufgabe im Unternehmen.
- Zielorientierung: Klare und transparente Ziele eines Unternehmens. So wie vertrauensvolle Werte.
- Bedeutsamkeit: Die Wichtigkeit eines Mitarbeiters für das Unternehmen unterstreichen.
- Zugehörigkeit: Mitarbeiterin fühlt sich als Teil der Gemeinschaft

4.2. Wirtschaftlicher Erfolg im Zusammenhang mit Happiness

In einem Interview liefert der Psychologe und Havard Professor *Shawn* (vgl. 2013, o.S.) wissenschaftliche Beweise dafür, dass Happiness zu mehr Erfolg in der Arbeit führt. Die Aussage wird durch eine Meta-Analyse bestätigt, an der mehr als 200 wissenschaftliche Studien über Happiness mit insgesamt 275.000 Teilnehmern beteiligt waren. Er setzt außerdem die These auf, dass nicht Erfolg zu Happiness führt, sondern genau umgekehrt. Nämlich dass Happiness zu Erfolg führt. Des Weiteren führt *Shawn* an, dass eine Verkäuferin die eine negative Lebens-einstellung hat in sechs Monaten um 37 Prozent erfolgreicher sein kann, wenn es gelingt ihre Haltung in eine positive von Happiness geprägte Motivation umzuwandeln.

Happiness als Führungssystem ist zudem ansteckend und daher ein Magnet für Kunden und Lieferanten. Infolgedessen kommt es zur Erlössteigerung, da Mitarbeiter eine erhöhte Kreativität und Produktivität durch selbstbestimme Ziele an den Tag legen. Im gleichen Zuge sinken nicht nur die Kosten, da die Stressbelastung geringer ist sondern auch die Fluktuationsrate, weil sich Mitarbeiter nun wohlfühlen (weniger Streit unter den Kollegen und keine Machtkämpfe). Auf Ebene der Vorgesetzten kann die Arbeitskraft durch ein motiviertes und vor allem gut geführtes Team um ein Vielfaches erhöht werden (vgl. Haas 2010, S. 112).

4.3. Relevanz für den Einzelhandel

Der Handel ist in Österreich ein wichtiger Wirtschaftsfaktor und beschäftigt rund 640.500 Personen. Davon sind 356.000 Mitarbeiter im Einzelhandel zu finden. (vgl. Statistik Austria, Eckdaten Handel)

Psychosoziale Schäden wie zum Beispiel durch ungünstige Arbeitszeiten, oft schlechte Bezahlung, verbale Übergriffe von Kunden und fehlende Anerkennung sind Hauptfaktoren für die innere Kündigung. Auf Einzelhandelsunternehmer lastet ein immer höherer Erfolgsdruck, der eine Minimierung der Kosten und eine Maximierung des Gewinnes fordert. Somit muss jede Geschäftsfrau heute um das Wohlergehen der Mitarbeiter bemüht sein, da Gesundheitsrisiken am Arbeitsplatz ein Unwohlsein fördern und dies wiederum zu vermehrten Krankenstandstagen führt.

Eine Studie vom Kooperationsprogramm Arbeit und Gesundheit (KOPAG) im Jahr 1998 über psychosoziale Belastungen in verschiedenen Berufsgruppen zeigt, dass gerade im Verkauf ein erhöhtes Risiko für psychosoziale Belastungen besteht. Auffällig in dieser Studie ist das Ergebnis des Lebensmittel-Einzelhandels. Generell ist im Verkauf zu beobachten, dass eine fehlende Anerkennung das größte Problem darstellt. Darunter versteht man die Anerkennung von Vorgesetzten aber auch die Anerkennung in der Umwelt. Des weiteren fällt im Lebensmittel-Einzelhandel die fehlende Unterstützung durch Kollegen auf. All die Folgen dieser negativen Belastungen zeigen sich auch in der Unfallstatistik wieder so wie in den Krankenstandstagen. Bleiben diese Komponente unbeachtet führt dies langfristig zu Leistungsabfall. (vgl. Richter 2004, S. 11)

Im Einzelhandel kommt es zu einem direkten Kontakt zwischen Verkäufer und Käufer mit dem Ziel einen Verkaufsabschluss zu bewirken, welcher sowohl für den Käufer als auch für den Verkäufer einen Gewinn darstellt. Doch stellt die Verkaufstätigkeit auch eine hohe Belastung durch Stressoren dar, die sich in vier Kategorien einteilen lassen (vgl. Mayo / Hill 1997, o.S):

- Akute, zeitbegrenzte Stressoren: hierbei kommt es für einen kurzen Moment zu einem erhöhten Adrenalinausstoss. Dies passiert dann, wenn sich die Mitarbeiterin einem Kundengespräch hilflos ausgeliefert fühlt.

- Stressor-Sequenzen: ist die Angst, welche nach negativen Ereignissen mit Kunden auftreten.
- Chronische, intermittierende Stressoren: Damit sind Stresssituationen gemeint die in verschiedenen Abständen auftreten. Dazu zählen Gespräche mit herausfordernden Kunden oder auch Leistungsgespräche mit dem Vorgesetzten.
- Chronische Stressoren, die über lange Zeit bestehen: Hiermit sind die die typischen Anforderungen an den Beruf eines Verkäufers im Einzelhandel gemeint.

Aus all diesen Stressoren ist ersichtlich, dass eine enorme Belastung aufgrund des Kontaktes mit anderen Menschen bzw. Kunden entsteht. Situationen auf die sich die Verkäuferin immer wieder neu einstellen muss und die jedem Mitarbeiter im direkten Kundenkontakt ein hohes Maß an Disziplin und Fingerspitzengefühl abverlangen. Kommt es hierbei allerdings zu einer Überbeanspruchung ist die typische Folge das Burnout. (vgl. Richter 2004, S.16)

Eine hier sehr spannende Erkenntnis lieferte die *White Hall Study*. Dabei geht es um den Zusammenhang zwischen Stress und Hierarchie und in welcher Hierarchiestufe wohl der Stress am größten ist. Die Ergebnisse waren verblüffend, denn es waren nicht die Unternehmensbosse. Es waren die Mitarbeiterinnen, welche auf der Hierarchiestufe ganz unten waren. Dies bedeutet, dass nicht der große Verantwortungsbereich oder die Aufgabenfülle den Stress auslöst, sondern ob jemand seinen Aufgabenbereich inne hat oder lediglich ausführendes Organ ist. (vgl. *Haas* 2014, S. 145)

Normalerweise ist es üblich, in Unternehmen den Erfolg nur über Renditen, Cash Flow und Stammkunden zu messen. Diese Ansicht wird Betriebswirten schon sehr früh beigebracht. In der Arbeitswelt geht es dann nur noch darum immer mehr Profit zu erwirtschaften, Prozesse zu optimieren, Durchlaufzeiten zu verringern um ein vielfaches in immer kürzerer Zeit zu schaffen. Mit einer auf Happiness ausgerichteten Unternehmenskultur wird das Unternehmen als Organisation allerdings erstmalig unterbrochen und gezeigt, dass auch ein Unternehmen ein Ort ist, wo Menschen mit individuellen Bedürfnissen aufeinander treffen die im Grunde alle das gleiche wollen, nämlich glücklich sein. So kann sich ein Führungsstil entwickeln, welcher sich an den Bedürfnissen der Menschen orientiert.

4.4. Zukunftspotenzial

Happiness steht für eine neue Unternehmenskultur, welche aufgrund wissenschaftlicher Ergebnisse der modernen positiven Psychologie, der Hirnforschung und der Neurobiologie basiert. Dabei geht es vor allem um ein ganzheitliches Führungssystem, welches einen neuen Werte-Rahmen schafft.

Die Basis einer auf Happiness aufbauenden Unternehmenskultur bildet „My Happiness" und setzt somit zuerst beim Glück jedes einzelnen Menschen an. Erst im zweiten Schritt wird Happiness auf das gesamte Unternehmen als Corporate Happiness ausgeweitet. Das Ziel dieser neuen Unternehmenskultur ist es, eine positive Glücksspirale in Bewegung zu setzen, in der alle Beteiligten glücklicher werden und durch die neu empfundene Lust und Freude einen Mehrwert für das Unternehmen, aber auch für jeden selbst generieren.

Lyubomirsky / Schkade (vgl. 2005, S. 111 f.) bewiesen in einer Untersuchung von 225 Studien, dass glückliche Mitarbeiter im Durchschnitt um 31% produktiver sind als unglückliche Mitarbeiterinnen und auch der Verkauf steigt bei glücklichen Mitarbeiterinnen um etwa 37%. Somit ist bestätigt, dass glückliche Mitarbeiter eine enorme Auswirkung auf die Rendite eines Unternehmens haben.

Dieses Kapitel zeigt eindeutig den Handlungsbedarf im Einzelhandel auf. Das zusätzliche Wissen der hier gezeigten Forschungsergebnisse macht deutlich, welche Potenziale in Unternehmen brach liegen. Im Grunde geht es immer wieder um Wertschätzung und darum die Mitarbeiterin als Mensch mit persönlichen Stärken und Schwächen wahrzunehmen. Wird der Mitarbeiter gemäß seiner Stärken im Arbeitsumfeld eingesetzt, so kann er sich frei entfalten. Dies wiederum kann den Unternehmenserfolg erheblich steigern, weil sich der Mitarbeiter als Teil des Unternehmens fühlt und einen Sinn in seiner täglichen Aufgabe sieht.

5. Conclusio

5.1. Conclusio

Es hat sich gezeigt, dass die Menschen im 21. Jahrhundert sehr stark auf der Suche nach der Sinnhaftigkeit des Lebens sind. Die Menschen wollen bei dem was sie tun eine innere Zufriedenheit erlangen. Dazu gehört ein wertschätzender Umgang untereinander. Diese Wertschätzung geht gerade in der Arbeitswelt verloren, da diese durch immer mehr Arbeit und immer mehr Stress zu einer Art Maschinerie ausartet.

Arbeitnehmer/-innen fühlen sich wie in einem Hamsterrad, in dem kaum noch Zeit für zwischenmenschliche Beziehungen bleibt. Eine der Hauptaussagen ist, dass Menschen die teilen mehr vom Leben haben. Menschen die teilen fühlen sich gut und wenn sie sich gut fühlen, können sie ein Vielfaches ihrer Leistung geben. Daher ist es wichtig, dass auch in Unternehmen ein Umdenken stattfindet und die Führer zu Kollegen werden.

Es muss eine offene Fehlerkultur geben und arbeiten muss Spaß machen. Doch viele Vorgesetzte haben Angst, dass Spaß bei der Arbeit die Produktivität hemmt. Nicht aber, wenn sich Vorgesetzte mit den neuesten Kenntnissen der Glücksforschung auseinandersetzen. Denn diese belegt eindeutig, dass Spaß bei der Arbeit den Profit für das Unternehmen maximiert und die Kosten durch Fehltage minimiert. So entsteht eine Win-Win Situation für alle Beteiligten.

5.2. Empfehlung für den Einzelhandel

Ganz wesentlich für weitere Schritte ist die Implementierung von fairen Prozessen für Mitarbeiter des Einzelhandels. Oft wird die Arbeit als Verkäuferin, oder wie oft salopp formuliert, die einer Kassiererin, nicht geschätzt. Weder im Unternehmen selbst noch im Umfeld. Dies muss sich unbedingt verändern. Hier ist auch die Politik gefordert, eine Aussage der Wertschätzung zu transportieren. Wertschätzung durch faire Löhne und aufgrund der hohen Frauenquote auch genügend Kindertagesstätten um die Last von Müttern zu reduzieren.

Ohne qualifizierte Verkäuferinnen kann der Einzelhandel niemals erfolgreich sein. Heute unterscheiden sich Produkte nicht mehr grundlegend in der Qualität. Der Service ist der Wettbewerbsvorteil und dieser Vorteil kann nur mit zufriedenen und glücklichen Mitarbeitern gewährleistet werden. Daher ist es wirtschaftlich gesehen höchst fahrlässig nicht in die Happiness der Angestellten zu investieren. Happiness muss messbar gemacht werden und als Kennzahl in die Bilanz aufgenommen werden. Nur so ist garantiert, dass sich das gesamte Unternehmen an einem Happiness-Führungssystem orientiert. Des Weiteren ist zu beachten, dass ein großer Anteil der Mitarbeiter im Einzelhandel einen Migrationshintergrund aufweisen. Dies führt zu kulturellen Differenzen. Beachtet man die fehlende Unterstützung durch Kolleginnen, so muss auch hier eine offene und wertschätzende Kultur in Bezug auf Menschen aus anderen Ländern gesichert sein. Ein Blick über den Tellerrand und das Interesse für andere Kulturen und Sichtweisen kann Spaß in die Arbeitswelt bringen und das Verständnis für andere Länder und deren Sitten mit sich bringen. Ein weiteres Thema sind die längeren Öffnungszeiten im Einzelhandel, welche gerade für Mütter mit Familie eine große Herausforderung darstellen. Um den Müttern diesen Druck der Kinderversorgung zu nehmen und diesen die Möglichkeit zur Happiness zu geben, kann nur ein wertschätzendes Miteinander und Verständnis für Familien glückliche Mitarbeiter gewährleisten. All diese Parameter werden durch gelebte Happiness abgedeckt.

Um Happiness als neue Kennzahl im Einzelhandel einführen zu können, bedarf es nun folgender Schritte:

- Schritt 1: Analysephase
  Mithilfe von Einzelgesprächen, Workshops und vor allem durch externe Berater wird die Stimmung und die Zufriedenheit im Einzelhandel erfragt.
- Schritt 2: Information und Kommunikation
  Es gibt eine freiwillige Informationsveranstaltung, um die neue Unternehmenskultur „Happiness" vorzustellen. Dabei werden die Ziele erläutert und den Mitarbeitern präsentiert, wie sie sich persönlich einbringen können und davon auch im Privatleben profitieren.
- Schritt 3: Ausbildung der Einzelhandelsmitarbeiter
  In 12 Monaten werden Mitarbeiter/-innen zu Happiness-Coaches ausgebildet. Dabei soll kein Zwang zur Teilnahme entstehen. Es sollen nur Mitarbeiter teilnehmen, die sich für das Thema begeistern können. Dabei lernen die Mitarbeiter/-innen wie sie Happiness am Arbeitsplatz leben können und werden so zu Multiplikatoren der neuen Unternehmens-philosophie.
- Schritt 4: Umsetzungsphase
  Die fertig ausgebildeten Mitarbeiter übernehmen selbstständig die Verantwortung für eine gelebte Happiness-Philosophie und führen mit

dem Kolleginnen Status-Workshops durch. Bei diesen Workshops werden auch weitere Entwicklungsmaßnahmen erarbeitet und umgesetzt.

- Schritt 5: Evaluierung und Ausweisung in den Kennzahlen
  Um die Nachhaltigkeit von Happiness zu garantieren ist es notwendig, die interne Happiness regelmäßig zu evaluieren und in die Kennzahlen zu integrieren. Des Weiteren sind die ausgebildeten Mitarbeiter zu regelmäßigen Trainings zu schicken um immer wieder neue Impulse für eine gelebte Happiness Philosophie zu geben.

5.3. Kritische Reflexion

In der vorhandenen Literatur gibt es kaum spezifische Studien, die sich mit den Ergebnissen von Unternehmen, welche bereits Corporate Happiness eingeführt haben, beschäftigen. Die vorliegende Arbeit erweitert die wissenschaftliche Literatur um den Schwerpunkt Ausrichtung einer auf Happiness basierenden Unternehmenskultur im Einzelhandel. Aufgrund des limitieren Umfangs wurde eine detaillierte Betrachtung mehrerer Happiness-Instrumente vernachlässigt und dient eher als erfolgsversprechender Lösungsansatz zum Aufbau einer wertschätzenden Beziehung zwischen allen Beteiligten in einem Unternehmen, aber auch externen wie Kunden und Lieferanten. Da jedoch keine empirischen Studien zu einem belegbaren Effektivitätsgrad von Happiness im Einzelhandel existieren, können nur Aussagen zu der wissenschaftlichen Einschätzungen und der Analyse der bestehenden Daten getätigt werden. Dahingehend ist es empfehlenswert, die Erkenntnisse dieses Werkes einer empirischen Forschung zu unterziehen.

6. Literatur- & Quellenverzeichnis

Achor, Shawn (2013): Expertengespräch mit Shawn Achor, Harvard Professor, geführt von Bettina Gordon am 03.12.2013 in Deutschland

Ed, Diener / Clark, Andrew / Yannis, Georgellis / Richard, Lucas (2008): Adaption to Life Events [WWW], http://www.voxeu.org/article/hedonic-adaptation-does-happiness-last [Stand: 18.01.2015], (05.02.2008)

Frankl, Viktor (1976): Der Mensch auf der Suche nach Sinn, Wien

Fredrickson, Barbara (2009): Die Macht der guten Gefühle - Wie eine positive Haltung Ihr Leben positiv beeinflusst, München

Frey, Bruno / Frey Marti, Claudia (2010): Glück – die Sicht der Ökonomie, Rügge

Gallup (2010, Hrsg.): Engagement Index www.gallup.de [Stand 01.02.2015]

Gross National Happiness (2015, Hrsg.): Gross National Happiness http://www.grossnationalhappiness.com/articles/ [Stand 04.01.2015]

Haas, Oliver (2014): Corporate Happiness als Führungssystem - Glückliche Menschen leisten gerne mehr, Berlin

Höge, Thomas / Schnell, Tatjana (2012): Kein Arbeitsengagement ohne Sinnerfüllung, Wirtschaftspsychologie 1

Layard, Richard (2009): die glückliche Gesellschaft - Kurswechsel für Politik und Wirtschaft. 2., aktualisierte Aufl., Frankfurt

Lyubomirsky, Sonja / Schkade, David / Sheldon, Kennen (2005): Persuing Happiness. Review of general Psychologiy Nr. 2, Educational Publishing Foundation

Mayring, Philipp / Rath, Norbert (2013): Glück, aber worin liegt es? - Zu einer kritischen Theorie des Wohlbefindens, Göttingen

Myers, David (2010): The Funds, Friends and Faith of Happy People, Nr. 55, American Psychologist, New York

Nerdinger, Friedemann (2000): Psychologie des persönlichen Verkaufs, Oldenburg

OECD Better life Index (2015, Hrsg.): OECD Better Life Index http://www.oecdbetterlifeindex.org/de/ [Stand 02.01.2015]

Richter, Gabriele (2004): Psychische Belastung in der Dienstleistungsbranche. Vortrag von Gabriele Richter, Tagesleitung, gehalten am 01.10.2003 in Dresden

Ruckriegel, Karlheinz (2010): Ergebnisse der Glücksforschung - eine Abkehr von Materialismus. Schriftenreihe Nr. 38, Institut für Betriebswirtschaft, Fachhochschule Nürnberg. Nürnberg

Scheub, Ute / Jensen, Annette (2014): Glücksökonomie - Wer teilt hat mehr vom Leben, München

Seligman, Martin (2012): Flourish - Wie Menschen aufblühen. 2., aktualisierte Aufl., München

Statistik Austria (2014, Hrsg.): Eckdaten Handel http:/www.statistik.at/web_de/services/wirtschaftsatlas_oesterreich/handel/index.html [Stand: 25.01.2015]

www.happinessresearchinstitute.com: Happiness Research Institut, http://www.happinessresearchinstitute.com/does-money-buy-happiness/4578771600 [Stand: 24.01.2015]

www.univie.ac.at (2010, Hrsg.): Universität Wien http://www.univie.ac.at/ksa/elearning/cp/organthro/organthro.pdf [Stand 01.02.2015]